LE PROGRAMME

DE LA

MONARCHIE

PARIS

FÉCHOZ, LIBRAIRE-ÉDITEUR

Rue des Saints-Pères, 5

—

1877

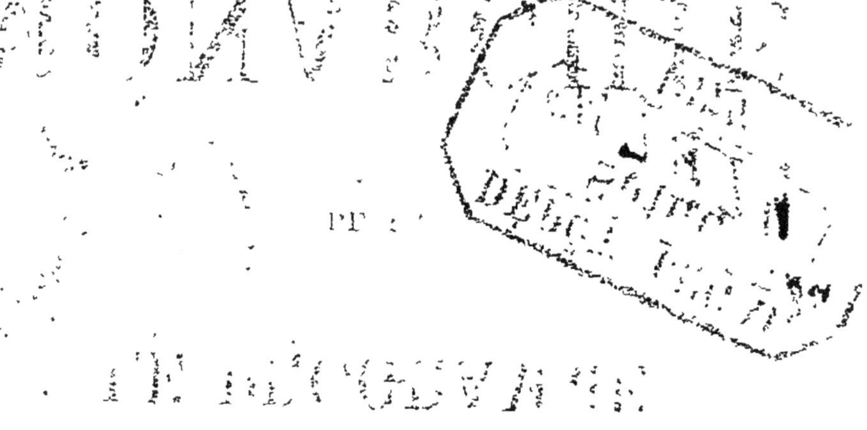

LE PROGRAMME

DE LA

MONARCHIE

> Combattez avec énergie les erreurs et les préventions qui trouvent un accès trop facile, jusque dans les âmes les plus généreuses...............
>
> *(Lettre de M. le comte de Chambord, du 9 mai 1871, à M. de Carayon-Latour.)*

Mentez, disait Voltaire, *il en restera toujours quelque chose*, et depuis lors ses disciples n'ont pas cessé d'être fidèles à cette maxime.

Que n'a-t-on pas inventé contre la Monarchie! Il n'est pas de sotte calomnie qu'on lui ait épargnée, pas de mensonge qu'on n'ait répandu avec art parmi les populations des villes et des campagnes, pour empêcher son retour. Il est cependant des bornes à la polémique des partis ; la bonne foi la plus vulgaire devrait interdire certaines manœuvres ; il n'en est rien, et ici les limites sont dépassées avec une rare impudence.

Ils savent la vérité, ceux qui mentent ainsi ; ils connaissent les déclarations plusieurs fois répétées du comte de Chambord, ils savent aussi que personne ne peut douter de sa parole de Roi, et que si l'honnêteté était bannie de notre pays on la retrouverait chez ce représentant de la Monarchie traditionnelle. — Rien n'est donc excusable dans ces manœuvres déloyales ; tout y démontre au contraire l'ambition, la haine basse et vile de ceux qui les emploient.

Il faut le dire : Les révolutionnaires qui trompent ainsi le peuple ne sont point généralement des hommes du peuple ; ce sont des écrivains, des gens aisés qui ambitionnent une situation populaire ou des fonctions et des dignités qu'ils croient pouvoir atteindre plus facilement au milieu des bouleversements fréquents qu'amène la République.

Que leur importe la tranquillité du pays, et l'avenir de la France ! Ce qu'il leur faut, c'est le POUVOIR, le POUVOIR à tout prix et au besoin par surprise, quittes à parler de légalité quand ils ont atteint leur but. Tous les moyens leur sont bons ! Que sont donc les révolutions de 1830, 1848, et 1870, sinon des coups de force illégaux et provenant d'une minorité audacieuse? Ce n'est donc pas à eux de réclamer contre les coups d'État, et de parler de légalité. Là encore leur bonne foi est en défaut. Voilà ce que sont les révolutionnaires qui agitent la France depuis plus de quatre-vingts ans au profit de leurs ambitions ou de théories subversives de toute société.

Comment le peuple ne voit-il pas qu'il leur sert de jouet?

Qui donc a jamais nié qu'il y eut des réformes à faire au siècle dernier, et qu'il y en ait encore?

Ce que la Monarchie vient offrir à la nation française, ce sont ces réformes sagement étudiées et appliquées dans le pays, en dehors de tout esprit de retour vers le passé.

L'avenir social est un problème que la France doit résoudre la première, entre toutes les nations; c'est sa mission la plus glorieuse, et elle nous a coûté assez de sang pour que nous sachions connaître enfin nos amis et nos ennemis, et répudier ceux qui n'ont amené chez nous que le trouble et le désordre.

Ecoutez ces révolutionnaires, ils vont partout disant dans les campagnes et dans les ateliers que *la Monarchie amènerait le retour des anciens priviléges et des anciens abus, la dîme et la corvée, qu'elle supprimerait les libertés publiques, et mettrait la France sous le joug du clergé et de l'absolutisme, que la liberté de conscience serait effacée de nos lois, et que les classes ouvrières seraient condamnées à la servitude.*

D'autres affirment effrontément que le comte de Chambord ne connaît pas la France, qu'il ne veut pas régner; et que s'il arrivait au trône, il serait comme tous ceux qui, touchant au pouvoir, ne se souviennent plus de leurs anciennes promesses.

Ces dernières calomnies sont tellement grossières que nous nous bornerons à y répondre tout d'abord en quelques mots.

I

Henri de Bourbon, comte de Chambord, est le seul représentant aujourd'hui de la Monarchie traditionnelle; tous les Princes d'Orléans se sont rangés derrière lui et ont, par un grand acte politique, fondu deux partis qui n'auraient jamais dû être divisés. Or, quel nom donner à un homme qui, dans cette situation, ne connaîtrait pas son pays et renoncerait à un droit dont il n'est que le mandataire, et qui appartient à la France encore plus qu'à lui-même?

Il l'a dit encore récemment, il est prêt à venir, et même à intervenir personnellement, non pour troubler cette fausse tranquillité dans laquelle nous vivons, mais pour sauver la France si elle courait à de nouveaux abîmes.

Non, le comte de Chambord n'ignore point son pays ; depuis trente ans il l'étudie dans ses moindres détails, en connaît tous les ressorts et tous les besoins ; chaque jour une nombreuse correspondance, ainsi que les journaux, lui apportent un contingent de travail auquel il n'a jamais failli, et c'est par un labeur incessant qu'il est parvenu à connaître les hommes et les choses. Il les a pesés dans le silence de l'exil, et c'est à cette rude école qu'il a appris son métier de Roi.

Non, le comte de Chambord *n'abdiquera pas* et ne renoncera *jamais* à l'espoir de sauver la France de l'avenir de révolutions perpétuelles qui la menace. Il l'a dit et répété à toutes les époques de sa vie Il aime son pays d'un amour sans égal et sans distinction de castes ; il l'a prouvé en toutes circonstances : dans toutes nos calamités publiques il est venu en aide aux malheureux, partout et toujours il a accueilli avec joie les Français qui sont venus à lui, sans distinction de rang ni de parti.

Il écrivait aux délégués des ouvriers de Paris, le 25 août 1849 :

C'est avec l'émotion la plus vive que j'ai reçu le témoignage qui m'a été offert par des ouvriers de tous les états de la ville de Paris. J'ai été profondément touché de voir leurs délégués venir me voir sur la terre étrangère, et je les charge d'être auprès de tous leurs camarades les interprètes de ma gratitude et de mon affection. *Apprendre que mon nom est prononcé avec sympathie dans mon pays, dans ma ville natale, c'est la plus douce consolation que je puisse recevoir dans mon exil......*

Le 12 octobre 1848 il écrivait à un de ses amis :

Quant à moi dont la devise a toujours été : *tout pour la France,* mon seul vœu, ma seule ambition, vous le savez, est de revoir ma patrie, de me dévouer pour elle, et ceux qui m'aideront à la sauver, à lui rendre repos, liberté, prospérité, grandeur, ah ! ceux-là peuvent bien compter sur toute ma reconnaissance. Ils me trouveront toujours prêt à leur tendre la main de quelque côté qu'ils viennent.

Le 10 mars 1850 il refusait en ces termes le produit d'une souscription tendant à lui offrir des objets de grande valeur :

. . . .

En présence des maux de la patrie et de tant d'infortunes à soulager, lorsque l'amélioration du sort des classes laborieuses appelle surtout notre sollicitude, et que je m'afflige moi-même tous les jours d'être privé, par le malheur des temps et par mon absence, de la satisfaction de venir à leur aide vnials ut mon cœur, comment pourrais-je voir avec plaisir mes amis faire des dépenses pour moi? Qu'ils réservent donc pour un emploi plus utile, je le leur demande, toutes les ressources dont ils peuvent disposer. Le bien qu'ils feront en France, en mon nom, sera la meilleure preuve qu'ils puissent me donner de leur affection, celle dont je leur saurai toujours le plus de gré.

Le 22 août 1870 il écrivait au comte de Flavigny, président de la Société de secours aux blessés :

Monsieur le Comte,

Condamné par l'exil à la douleur de ne pouvoir combattre pour ma patrie, j'admire plus que personne les prodiges de valeur de notre héroïque armée, et je veux du moins venir en aide autant qu'il est en moi à nos soldats blessés en accomplissant le plus saint des devoirs. Je leur offre pour asile le château de Chambord que la France m'a donné en des temps plus heureux, et dont j'aime à porter le nom en souvenir de mon pays.

Nous pourrions multiplier ces citations, mais à quoi bon, celles-ci ne suffisent-elles-pas ?

II

De l'honnêteté politique.

Conbien de gens honnêtes ou qui se croient tels, répètent cette phrase : *il n'y a pas d'honnêteté en polique, c'est au plus habile !* Ainsi tout serait permis aux partis qui luttent les uns contre les autres ; ainsi le mensonge, les manœuvres déloyales et la mauvaise foi seraient des armes autorisées en politique, quand chacun répudie ces moyens dans sa conduite privée. L'honnêteté serait donc une chose relative, non un principe social !

C'est contre cette erreur que le comte de Chambord n'a jamais cessé de protester, et seul jusqu'ici il a affirmé hautement la nécessité de l'honnêteté en politique. Voilà pourquoi il a préféré voir ses amis systématiquement éloignés de la Chambre et des affaires publiques tant qu'un serment de fidélité a été nécessaire dans les fonctions publiques. — « On *prête* un serment, on ne le *donne* pas ! disait un jour un républicain. » — « Ne prêtez pas un serment de fidélité à un gouvernement que vous n'admettez pas, ou tenez le pour sacré si vous le prêtez, » a répondu le comte de Chambord.

C'est lui qui écrivait ces belles paroles dans un manifeste daté du 9 octobre 1870 :

Pénétré des besoins de mon temps, toute mon ambition est de fonder *avec vous, un gouvernement vraiment national, ayant le droit pour base, l'honnêteté pour moyen, la grandeur morale pour but.*

Et il faisait précéder ces paroles de celles-ci :

Je vous le disais naguère : gouverner ne consiste pas à flatter les passions des peuples, mais à s'appuyer sur leurs vertus.

Dans son manifeste du 3 juillet 1874, il disait :

Je veux un pouvoir *réparateur et fort.*

Enfin, qui ne se souvient que celui qui proclame ainsi le règne de l'honnêteté a laissé échapper de ses mains la couronne de France, la plus belle du monde, plutôt que de laisser subsister un équivoque entre lui et la nation française, il y a de cela quatre ans à peine ?

Qui donc refuserait de s'incliner devant cet acte unique dans l'histoire et qu'elle enregistrera comme le plus grand de ce siècle ?

Il pouvait, en laissant tromper le pays, monter sur le trône auquel l'appelait la majorité de l'Assemblée Nationale, il déchira lui-même le voile, et apparut à tous, sinon comme Roi, du moins avec le sceau de cette Royauté qui doit dominer le monde : l'Honneur !

Comment n'y eut-il pas alors en France un irrésistible courant de l'opinion publique vers ce Prince qui restait volontairement en exil plutôt que de mentir à ses devoirs et à son pays? C'est ce que l'histoire expliquera par les manœuvres du parti révolutionnaire, qui cependant s'inclinait malgré lui devant ce grand caractère si fortement trempé.

Il n'est pas un journal républicain qui n'ait rendu hommage à cette loyauté qui s'impose à tous, et le *Rappel* lui-même disait en commentant le Manifeste du 3 juillet 1874: « La France honorera ce prince différent des autres, qui, lui du moins, dit ce qu'il veut et ce qu'il est. Elle applaudira à cette parole simple et hautaine qui éclate à travers les byzantismes et les chinoiseries, et qui dit des choses que tous comprennent. »

Qui donc oserait encore dire que le comte de Chambord, une fois sur le trône, oublierait ses promesses antérieures?

Or, ses promesses, les voici : elles répondent aux objections citées plus haut.

III

Les anciens priviléges et les anciens abus.

Voici ce que le comte de Chambord écrivait au Duc de Noailles, dans une lettre qu'il lui adressait le 5 octobre 1848 :

Je comprends les conditions que le temps et les événements ont faites à la société actuelle ; je reconnais les intérêts nouveaux qui, de toutes parts, se sont créés en France et le rang social que se sont légitimement acquis l'intelligence et la capacité. Si la Providence m'appelle sur le trône, je prouverai, je l'espère, que je connais l'étendue et la hauteur de mes devoirs. Exempt de préjugés, loin de me renfermer dans un esprit étroit d'exclusion, je m'efforcerai de faire concourir tous les talents, tous les caractères élevés, toutes les forces intellectuelles de tous les Français, à la prospérité et à la gloire de la France...

Le 22 décembre 1850 il écrivait encore :

. . . .

Aussi me suis-je constamment efforcé de prouver, par mes paroles comme par ma conduite, que si la Providence m'appelle à régner un jour, je ne serai pas le Roi d'une seule classe, mais le Roi ou plutôt le père de tous. Partout et toujours je me suis montré accessible à tous les Français, sans distinction de classes et de conditions . . . .

Comment, après cela, pourrait-on encore me soupçonner de ne vouloir être que le Roi d'une classe privilégiée, ou pour employer les termes dont on se sert, le *Roi de l'ancien régime*, de l'ancienne noblesse, de l'ancienne cour? J'ai toujours cru et je suis heureux de me voir ici d'accord avec les meilleurs esprits, que désormais *la cour ne peut plus être ce qu'elle était autrefois.*

Toujours aussi j'ai eu l'intime conviction qu'il n'y a que la monarchie restaurée sur la base du droit héréditaire et traditionnel qui, répondant à tous les besoins de la société telle que l'ont faite les événements accomplis depuis plus d'un demi-siècle, puisse concilier tous les intérêts, sauvegarder tous les droits acquis et mettre la France en pleine et irrévocable possession de toutes les sages libertés qui lui sont nécessaires.

Extrait d'une lettre à M. Berryer, et datée de Venise, 23 janvier 1851 :

Dépositaire du principe fondamental de la monarchie, je sais que cette monarchie ne répondrait pas à tous les besoins de la France si elle n'était en harmonie avec son état social, ses mœurs, ses intérêts, et si la France n'en reconnaissait et n'en acceptait avec confiance la nécessité. Je respecte sa civilisation et sa gloire contemporaine autant que les traditions et les souvenirs de son histoire. Les maximes qu'elle a fortement à cœur et que vous avez rappelées à la tribune, *l'égalité devant la loi, la liberté de conscience, le libre accès pour tous les mérites à tous les emplois, à tous les honneurs, à tous les avantages sociaux,* tous ces grands principes d'une société éclairée et chrétienne me sont chers et sacrés comme à vous, comme à tous les Français.

Donner à ces principes toutes les garanties qui leur sont nécessaires par des institutions conformes aux vœux de la nation, et fonder, d'accord avec elle, un gouvernement régulier et stable, en le plaçant sur la base de l'hérédité monarchique et sous la garde des libertés publiques à la fois fortement réglées et loyalement respectées, tel serait l'unique but de mon ambition.

Au Duc de Lévis.

12 mars 1856.

Je n'ai rien à ajouter aux nombreuses manifestations que j'ai faites de mes dispositions. Elles sont toujours les mêmes et ne changeront jamais.

Exclusion de tout arbitraire ; le règne et le respect des lois ; l'honnêteté et le droit partout ; le pays sincèrement représenté, votant l'impôt et concourant à la confection des lois ; les dépenses sincèrement contrôlées ; la propriété, la liberté individuelle et religieuse inviolables et sacrées ; l'administration communale et départementale sagement et progressivement décentralisées ; le libre accès pour tous aux honneurs et aux avantages sociaux ; telles sont, à mes yeux, les véritables garanties d'un bon gouvernement, et tout mon désir est de pouvoir un jour me dévouer tout entier à l'établir en France, et à assurer ainsi le repos et le bonheur à ma patrie.

Enfin le 19 septembre 1873 il écrivait à M. de Rodez-Bénavent :

En être réduit, en 1873, à évoquer le fantôme de la dîme, des droits féodaux, de l'intolérance religieuse, de la persécution contre nos frères séparés, que vous dirai-je encore, de la guerre follement entreprise dans des conditions impossibles, du gouvernement des prêtres, de la prédominance des classes privilégiées ! Vous avouerez qu'on ne peut pas répondre sérieusement à des choses si peu sérieuses. A quels mensonges la mauvaise foi n'a-t-elle pas recours lorsqu'il s'agit d'exploiter la crédulité publique ? — Vous savez que je ne suis point un parti et que je ne veux pas revenir pour régner par un parti.

Après des déclarations aussi catégoriques, il ne saurait rester l'ombre d'un doute dans l'esprit de personne. La Monarchie ne sera pas la Restauration des anciens abus, mais l'inauguration d'une ère nouvelle d'honnêteté et de grandeur, renouant le passé glorieux de la France aux nécessités du présent et aux progrès de l'avenir.

IV

Le Cléricalisme.

Depuis quelque temps les radicaux agitent fiévreusement le *spectre du Cléricalisme*, espérant faire ainsi contre-poids au *spectre rouge* dont la Commune a malheureusement prouvé la trop grande réalité. — N'osant pas déclarer la guerre ouvertement au *Catholicisme*, ils ont inventé le *Cléricalisme* et dans leurs moments de franchise ils avouent ne pas faire grande différence entre ces deux termes. Ils espèrent aussi créer par cette appellation, une scission dans le parti catholique dont ils redoutent l'unité, et effrayer les indifférents et les dissidents, protestants ou autres, par la menace de l'ingérance du clergé catholique dans les affaires de l'État.

La Monarchie sera certainement l'affirmation de l'idée religieuse sans laquelle une nation ne peut que tomber dans l'abrutissement du matérialisme ; mais elle sera pour tous, à un titre égal, la protectrice des intérêts respectables.

La prédominance du clergé dans les affaires temporelles ! Mais l'Évangile lui-même ne dit-il pas : rendez à César ce qui est à César, et à Dieu ce qui est à Dieu. — Le Gouvernement et le Clergé ont donc des droits respectifs que ni l'un ni l'autre ne sauraient usurper, et des devoirs réciproques auxquels ils ne peuvent faillir. La Monarchie ne laissera pas plus empiéter aujourd'hui sur ses droits par le clergé, que du temps de saint Louis ; elle saura protéger les cultes contre toute insulte, et prévoir en même temps les abus. — Quant à se laisser conduire par les prêtres, comme le disent quelques pauvres esprits qui se laissent conduire, eux, par des mots vides de sens, il n'est personne en Europe ni en France qui ait vu le comte de Chambord et ne connaisse la haute intelligence et l'esprit supérieur dont la Providence l'a doué, personne qui doute de l'indépendance de ses jugements. — Lorsque, il y a quelques années, un pieux évêque lui donna des conseils politiques que son zèle très-sincère voulait imposer, le Prince lui répondit une lettre, pleine d'égards du reste pour le caractère et la haute personnalité du prélat, mais qui signifiait à tout prendre : Monsieur l'Évêque, laissez au Roi le soin de ses affaires.

Les opinions de M. le comte de Chambord ont toujours été nettement formulées au sujet de l'immixtion du clergé dans les affaires de l'État.

Voici ce qu'il écrivait le **29** mai 1857 :

... Nul doute que je ne sois disposé à laisser à l'Eglise la liberté qui lui appartient et qui lui est nécessaire pour le gouvernement et l'administration des choses spirituelles, et à m'entendre constamment pour cela avec le Saint-Père. Mais, de leur côté, les évêques et tous les membres du clergé ne sauraient éviter avec trop de soin de mêler la politique à l'exercice de leur ministère sacré, et de s'immiscer dans les affaires qui sont du ressort de l'autorité temporelle ; ce qui n'est pas moins contraire à la dignité et aux intérêts de la religion elle-même qu'au bien de l'Etat.

Le 3 mai 1877, M. Jules Simon, président du Conseil des ministres lisait lui-même cet extrait de la correspondance du Prince, à la tribune du Corps législatif, en faveur de son argumentation.

Le 9 décembre 1866, le comte de Chambord écrivait dans une lettre adressée à M. de Saint-Priest :

On repousse, non sans raison, l'immixtion de l'Eglise dans la politique : on veut que le clergé se renferme dans ses saintes fonctions, sans se mêler aux choses du dehors.

Et plus loin :

Vous savez depuis longtemps les vœux que ma raison et mon cœur me dictent pour ma patrie. Est-il besoin de vous les redire ici ?

Un pouvoir fondé sur l'hérédité monarchique, respectée dans son action, sans faiblesse comme sans arbitraire, le gouvernement représentatif dans sa puissante vitalité, les dépenses publiques sérieusement contrôlées, le règne des lois, le libre accès de chacun aux emplois et aux honneurs, *la liberté religieuse et les libertés civiles consacrées et hors d'atteinte,* l'administration intérieure dégagée des entraves d'une centralisation excessive, la propriété foncière rendue à la vie et à l'indépendance par la diminution des charges qui pèsent sur elle, l'agriculture, le commerce, l'industrie constamment encouragées et, *audessus de tout cela,* une grande chose : *l'honnêteté !* L'honnêteté qui n'est pas moins une obligation dans la vie publique que dans la vie privée ; l'honnêteté qui fait la valeur morale des Etats comme des particuliers.

La lettre à M. de Rodez-Bénavent, citée dans le chapitre précédent contient également des assurances sur ce point.

Mais comment le clergé ne s'occuperait-il pas aujourd'hui de la politique, quand celle-ci menace ses droits les plus sacrés, quand les Révolutionnaires n'aspirent qu'à la destruction de tout esprit religieux dans le pays ? Le clergé a aujourd'hui plus que le droit, il a le devoir de s'occuper de politique pour combattre partout et toujours l'esprit révolutionnaire. La Monarchie seule la Monarchie chrétienne pourrait, en protégeant utilement les intérêts de la religion, assigner à ses ministres une barrière ; parce qu'elle serait le *droit*, c'est-à-dire, la *justice.*

V

Absolutisme et libertés publiques.

Le 15 novembre 1869 le comte de Chambord écrivait :

La France réclame à bon droit les garanties du Gouvernement représentatif, honnêtement, loyalement pratiqué avec toutes les libertés et tout le contrôle nécessaires. Elle désire une sage décentralisation administrative, et une protection efficace contre les abus d'autorité. Un Gouvernement qui fait de l'honnêteté et de la probité politique la règle invariable de sa conduite, loin de redouter ces garanties, et cette protection, doit, au contraire, les rechercher sans cesse. — Ceux qui envahissent le pouvoir sont impuissants à tenir les promesses dont ils leurrent les peuples après chaque crise sociale, parce qu'ils sont condamnés à faire appel à leurs passions, au lieu de s'appuyer sur leurs vertus.

Le 8 mai 1871 il s'exprimait ainsi dans une lettre adressée à M. de Carayon-Latour :

On dit que je prétends me faire décerner un pouvoir sans limite. Plût à Dieu qu'on n'eût pas accordé si légèrement ce pouvoir à ceux qui, dans les jours d'orage, se sont présentés sous le nom de sauveurs ; nous n'aurions pas la douleur de gémir aujourd'hui sur les maux de la patrie !

Ce que je demande, vous le savez, c'est de travailler à la régénération du pays, c'est de donner l'essor à toutes ses aspirations légitimes ; c'est, à la tête de toute la Maison de France, de présider à ses destinées, en soumettant avec confiance les actes du Gouvernement au sérieux contrôle de représentants librement élus.

On dit que la monarchie traditionnelle est incompatible avec l'égalité de tous devant la loi.

Répétez bien que je n'ignore pas à ce point les leçons de l'histoire et les conditions de la vie des peuples. *Comment tolérerais-je des privilèges* pour d'autres, moi qui ne demande que celui de consacrer tous les instants de ma vie à la sécurité et au bonheur de la France, et d'être toujours à la peine, avant d'être avec elle à l'honneur ?

Voici maintenant ce qu'il disait à ce sujet dans son manifeste du 5 juillet 1871 :

Dieu aidant, *nous fonderons ensemble* et quand vous le voudrez, sur les larges assises de la décentralisation administrative et, des franchises locales, *un gouvernement conforme aux besoins réels du pays.*

Nous donnerons pour garantie à ces libertés publiques auxquelles tout peuple chrétien a droit, le suffrage universel honnêtement pratiqué et le contrôle des deux Chambres, et nous reprendrons, en lui restituant son caractère véritable, le mouvement national de la fin du dernier siècle.

Et dans son manifeste du 2 juillet 1874 il disait à la nation française :

On a feint de comprendre que je plaçais le pouvoir royal au-dessus des lois et que je rêvais je ne sais quelles combinaisons gouvernementales basées sur l'arbitraire et l'absolu.

Non, la Monarchie chrétienne et française est dans son essence même une Monarchie tempérée qui n'a rien à emprunter à ces gouvernements d'aventures qui promettent l'âge d'or, et conduisent aux abîmes.

Cette Monarchie tempérée comporte l'existence de deux Chambres dont l'une est nommée par le Souverain dans des catégories déterminées, et l'autre par la Nation, selon le mode de suffrage réglé par la loi.

Où trouver ici la place de l'arbitraire ?

Le jour où vous et moi, nous pourrons, face à face, traiter ensemble des intérêts de la France, vous apprendrez comment l'Union du Peuple et du Roi a permis à la Monarchie française de déjouer pendant tant de siècles les calculs de ceux qui ne luttent contre le Roi que pour mieux dominer le peuple.

. . . .

Je veux un pouvoir réparateur et fort; la France ne le veut pas moins que moi, son intérêt l'y porte, son instinct le réclame.

VI

Les classes ouvrières.

De tout temps le comte de Chambord a témoigné un intérêt très-vif pour les classes ouvrières, et s'est appliqué à analyser leurs besoins et leurs droits. Il a étudié longuement tout ce qui a trait à ces questions, et il en connaît aujourd'hui toutes les faces.

Il pousse cette recherche jusque dans les moindres détails, afin que le jour où les événements l'appelleront au trône, il puisse se constituer le meilleur défenseur des intérêts des classes laborieuses.

Il reste encore beaucoup à faire sous ce rapport, et, les questions sociales sont loin d'être résolues par nos révolutions. On a brisé l'ancien faisceau des forces populaires, et on laisse s'organiser l'*Internationale* qui n'est que la conspiration des pauvres contre les riches, comme si prendre violemment la place de son voisin constituait un système social, comme si les gens dépouillés de leurs biens ne pour-

raient pas se servir le lendemain des mêmes arguments pour chasser les voleurs,
et ainsi de suite.

Il faut donc chercher avec calme le
moyen d'améliorer le sort des classes pauvres, et cela sans les flatter servilement
comme le font leurs tribuns. — Il ne faut
pas oublier non plus qu'à côté des ouvriers des villes, il y a ceux des champs,
les employés subalternes et le petit commerce, qui pour être moins bruyants dans
leurs réclamations, n'en sont pas moins
dignes de tout intérêt. Il faut songer aux
faibles comme aux forts et rendre justice
à tous, non *par intérêt*, mais *par devoir*.

Pour les révolutionnaires, *gouverner*, consiste à savoir habilement flatter les passions du peuple. — « Pour la Monarchie
traditionnelle, gouverner, c'est s'appuyer
sur les vertus de la France, c'est dévelop-
per tous ses nobles instincts, c'est travailler sans relâche à lui donner ce qui fait
les nations grandes et respectées (1). »

Autrefois le peuple opprimé disait: « *Si
le Roi le savait!* » — Et la Royauté soutenait
le peuple dans ses luttes contre ses op-
presseurs. — Le comte de Chambord a
voulu *savoir*, et *il sait*; il sait quels sont les
besoins des travailleurs, il connaît tous

____

(1) Lettre du comte de Chambord, 15 novembre 1869.

leurs efforts, et il veut les seconder dans la limite de leurs droits.

Dès 1844 il était préoccupé de ces grandes questions et il écrivait, le 11 octobre de cette année, à un membre de la Chambre des Pairs :

Je regarde comme un devoir d'étudier dès à présent tout ce qui se rattache à l'organisation du travail et à l'amélioration du sort des classes laborieuses. Quels que soient les desseins de la Providence sur moi, je n'oublierai jamais que le grand roi Henri IV, mon aïeul, a laissé à tous ses descendants l'exemple et le devoir d'aimer le peuple.

. . . .

C'est en renonçant à une vie oisive, en travaillant au bien-être du peuple et en protégeant les intérêts du commerce et de l'industrie, que mes amis doivent chercher à dissiper les préventions qui pourraient encore exister, et à reconquérir cette influence salutaire qu'ils sont naturellement appelés à exercer et qui peut devenir un jour si utile au pays.

Le 12 juin 1855, il écrivait à un autre de ses amis :

....., Quant aux *Associations ouvrières*, elles ont pris, depuis plusieurs années, un développement qui n'a point échappé à mon attention. En se formant dans des idées d'ordre, de moralité, d'assistance mutuelle, en régularisant leur existence sous l'autorité tutélaire des lois, et en évitant, avec les abus du monopole qui, à une autre époque, amenèrent la suppression des anciens corps de métiers, tout ce qui pourrait en faire des instruments de troubles et de révolutions, ces associations *constitueront de plus en plus des intérêts collectifs sérieux qui auront naturellement droit à être représentés* et entendus pour pouvoir être efficacement protégés.

Dix ans plus tard, à la date du 12 juin 1865, il écrivait une lettre qui fut alors très-remarquée, sur la situation des classes ouvrières. Bien avant que l'Empire eût autorisé les grèves, M. le comte de Chambord avait demandé pour les ouvriers la liberté d'association sagement réglée ; nous regrettons de ne pouvoir citer cette lettre en entier, en voici quelques passages :

A l'individualisme opposer l'association, à la concurrence effrénée, le contre-poids de la défense commune ; au privilége industriel, la constitution volontaire et réglée des corporations libres.

Il faut rendre aux ouvriers le droit de se concerter, en conciliant ce droit avec les impérieuses nécessités de la paix publique, de la concorde entre les citoyens et du respect des droits de tous. Le seul moyen d'y parvenir est la liberté d'association sagement réglée et renfermée dans de justes bornes.

En un mot, ce qui est démontré c'est la nécessité d'associations volontaires et libres des ouvriers pour la défense de leurs intérêts communs. Dès lors il est naturel que dans ces associations il se forme sous un nom quelconque des *syndicats*, des *délégations*, des *représentations*, qui puissent entrer en relation avec les patrons ou syndicats de patrons pour régler à l'amiable les différents relatifs aux conditions du travail, et notamment au salaire. Ici, la communauté d'intérêts entre les patrons et les ouvriers sera une cause de concorde et non d'antagonisme. La paix et l'ordre sortiront de ces délibérations, où, selon la raison et l'expérience, figureront les mandataires les plus capables et les plus conciliants des deux côtés. Une équitable satisfaction sera ainsi assurée aux ouvriers ; les abus de la concurrence seront évités autant que possible, et la domination du privilége industriel resserrée en d'étroites limites.

VII

Politique extérieure.

La Monarchie avait fait de la France la première puissance de l'Europe ; les deux Empires ont succombé dans les désastres de la nation. La Restauration mit quinze ans à relever le pays des prodigalités de sang et d'argent du premier Empire. — Aujourd'hui nous achevons à peine de guérir nos dernières blessures, la nation veut la paix et craint avec raison le retour des guerres aventureuses du second Empire ; elle se recueille pour songer au passé et en tirer des enseignements pour l'avenir ; elle se souvient de l'inutilité de la guerre du Mexique ; elle comprend mieux que jamais le danger qu'il y avait à laisser croître sur nos flancs deux puissances qui pouvaient devenir plus tard des adversaires dangereux.

Le comte de Chambord semble avoir prévu les événements lorsqu'il écrivait le 18 juin 1859, pendant la guerre d'Italie :

Qu'il est cruel de voir, au milieu des nouveaux prodiges de valeur de notre incomparable armée, le plus généreux, le plus héroïque, le plus pur sang de la France répandu ainsi par torrents ! Et pourquoi ? Que Dieu ait pitié de notre chère et infortunée patrie ; qu'il la sauve, et avec elle l'Europe entière, des bouleversements dont elles sont encore une fois menacées.

Le 9 décembre 1866, après Sadowa, il écrivait au vicomte de Saint-Priest :

L'année qui va finir, mon cher ami, n'a pas été heureuse pour l'Europe et pour la France. La gravité des circonstances frappe tous les esprits. La situation est pleine d'incertitudes et de périls.

« Les événements dont l'Allemagne et l'Italie ont été récemment le théâtre ont confondu tous les calculs, trompé toutes les prévisions, et aucun pays n'en a ressenti plus vivement que le nôtre le douloureux contrecoup…

Oui, la France, avec son énergie, sa loyauté, son désintéressement prompt à se passionner pour toutes les grandes idées, à se dévouer pour toutes les justes causes, avec son armée aussi admirable par la discipline que par la valeur, avec sa puissante unité, œuvre des siècles, marchera toujours à la tête des nations ; sa grandeur est nécessaire à la stabilité, au repos de l'Europe. Mais c'est une raison de plus pour ne pas négliger les conseils d'une politique prévoyante, pour ne pas accepter en silence ce que nos pères se sont efforcés d'empêcher dans tous les temps, pour ne pas laisser se former à nos portes deux vastes États, dont l'un surtout dispose d'une puissance militaire incontestable. Justement jaloux de l'honneur et de la dignité de notre belle patrie, craignons pour elle jusqu'à l'ombre même d'un amoindrissement de l'influence qui lui appartient.

Enfin, le 15 novembre 1869 il écrivait :

La France et la société tout entière sont menacées de nouvelles commotions. Aujourd'hui comme il y a dix-sept ans, je suis convaincu et j'affirme que la Monarchie héréditaire est l'unique port de salut où, après tant d'orages, la France pourra retrouver enfin le *repos* et le bonheur.

Le repos! le comte de Chambord ne songe donc pas à lancer le pays dans de nouvelles aventures. On a dit que le Prince aimait le Pape et qu'il regrettait de voir le Saint-Siège privé de son pouvoir temporel! « on a dit vrai, » dit-il lui même dans un de ses manifestes; — mais est-ce à dire qu'il entreprendrait la guerre dans ce but? Le Roi gouvernera, selon les intérêts de la France, et non selon ses sympathies personnelles. Ces lettres que nous venons de citer prouvent assez la justesse de ses prévisions, et devraient le défendre contre le soupçon de vouloir risquer à la légère la sécurité du pays! mais la Papauté elle-même s'opposerait à une pareille équipée dans de telles conditions!

CONCLUSION

La Monarchie sera donc : la paix à l'extérieur et l'apaisement à l'intérieur.

A l'extérieur elle pourra seule nous assurer des alliances sérieuses et durables en rappelant à l'Europe la sûreté de nos anciennes relations diplomatiques. Quelle confiance peut inspirer aux cabinets étrangers la France républicaine où les partis peuvent se succéder au pouvoir à de si courts intervalles, et où les besoins de la défense peuvent entraîner les partis vaincus à publier des documents secrets, comme cela eut lieu après nos désastres ? La France trouvera tout naturellement des alliés le jour où elle aura rappelé la Monarchie avec ses traditions de prudence et d'honneur.

Voilà pourquoi nous avons vu dans le procès de M. d'Arnim, M. de Bismark manifester une telle crainte de la Restauration monarchique en France.

A l'intérieur la Monarchie sera la *réforme*. Aujourd'hui comme au temps de Virgile on peut dire avec le poète : *Rerum, novus nascitur ordo, — Un nouvel ordre de choses surgit.* — La Révolution a tout renversé, et n'a rien reconstruit, elle a fait de bribes et de morceaux un tout multicolore où rien encore ne concorde et ne s'harmonise : ce n'est qu'une organisation provisoire entre le passé et l'avenir, et les partis, au lieu de se fondre, n'ont fait que se subdiviser. Les haines sont plus violentes que jamais, les bouleversements se succèdent à de courts intervalles, et il semble que la France soit comme ces navires désemparés qui après la tempête flottent au gré des flots, sans voiles ni gouvernail.

Rappelons le pilote, lui seul peut nous sauver. Il connaît le navire et en sait les ressources, ses pères l'ont conduit pendant des siècles, ont fait partout respecter son pavillon, et l'ont couvert de richesses et d'honneur.

Entendez-le vous dire avec cette grande voix qui retentira dans l'histoire :

Croyez-le bien, je serai appelé, non-seulement parce que je suis le droit, mais parce que je suis l'ordre, parce que *je suis la réforme,* parce que je suis le fondé de pouvoirs nécessaires pour remettre en sa place ce qui n'y est pas et gouverner avec la justice et les lois, dans le but de réparer les maux du passé et de préparer enfin un avenir.

On se dira que j'ai la vieille épée de la France dans la main, et dans la poitrine ce cœur de Roi et de père qui n'a point de parti. *Je ne suis point un parti et je ne veux pas revenir pour régner par un parti.* Je n'ai ni injures à venger, ni ennemi à écarter, ni fortune à refaire, sauf celle de la France, *et je puis choisir partout* les ouvriers qui voudront loyalement s'associer à ce grand ouvrage.

Je ne ramène que la religion, la concorde et la paix ; et je ne veux exercer de dictature que celle de la clémence ; parce que, dans mes mains, et dans mes mains seulement, la clémence est encore la justice.

Voilà pourquoi je ne désespère pas de mon pays, et pourquoi je ne recule pas devant l'immensité de la tâche.

La parole est à la France et l'heure à Dieu.

HENRI.

Paris. — Imp. SOUSSENS et Cie, rue de Verneuil, 60.